جَٹ عربک

روز مرّہ استعمال ہونے والے الفاظ پر مشتمل انتہائی جامع،
مختصر و مفید آسان رہنمایانہ کتاب

(چند ہی منٹوں میں اپنی ذہنی استعداد میں اضافہ کیجئے۔)

اے۔ یم۔ کے۔ صدیقی

الخیر پبلیشرز۔ حیدرآباد

Copyright ©

BOOK NAME: JET ARABIC
AUTHOR: A.M.K. SIDDIQUI

EDITION: FIRST

AL-KHAIR PUBLISHERS
Powered by M/S Joudah Info-Lingo Tech Pvt.Ltd

#12-2-825/7
Ansar complex, 2nd floor
Mehdipatnam, Hyderabad-500028
Tel. 9140-6514-6277, 9140-6634-6277
Email: info@alkhairpublishers.com
Website:www.alkhairpublishers.com

بسم الله الرحمن الرحیم
قارئین اور
خیر خواہوں کے نام!

سپاس نامہ

اولاً ، میں اللہ تعالیٰ کا شکر گزار ہوں جس کی مہربانی، توفیق وعنایت سے یہ کتاب مکمل ہوسکی۔ ثانیاً، میرے ان قارئین اور شاگردوں کا جن کی محبت اور مسلسل حمایت میرے ساتھ رہی۔ اخیراً، میں اس کتاب کے منظرِ عام پر لانے کے لیے جن افراد نے ساتھ دیا ان سبھی کا فرداً فرداً ممنون و شاکر ہوں۔

بالخصوص عالیجناب ابوالخیر صدیقی صاحب (چیف ایگزیکیٹو آفیسر جے۔آئی۔ایل۔ٹی) جنہوں نے اپنی سبھی مصروفیات کو بالائے طاق رکھتے ہوئے اس کتاب کو جدید طرز پر مرتب کرنے اور اس کو آسان و سہل بنانے پر زور دیا۔ اور عالیجناب محمد نذیرالدین صاحب، صدر عالمی سبیل الرسول فاؤنڈیشن کا جنہوں نے اپنی تخلیقی آراء سے نوازا، ساتھ ہی ساتھ میرے عزیز دوست محمد غازی فہیم الدین لاریب ، محمد عبدالمقتدر ، عتیق الرحمٰن شریف عمری، حبیب الدین عمری، کا جنہوں نے اس کتاب کی پروف ریڈینگ کرتے ہوئے اصلاح کی، اور برادرم ابو عمر صدیقی، سید بشارت مہدی، سید خلیل اللہ حسینی اور عبدالرحیم صدیقی (اسامہ) کا جنہوں نے اس کتاب کی تزئین و کتابت کے فرائض انجام دیتے ہوئے جلد از جلد کتاب کو منظرِ عام پر لانے میں مدد کی۔

اے۔ یم۔ کے صدیقی
حیدرآباد - دکن

مقدمہ

عربی زبان کی اہمیت، افادیت، اور ضرورت سے ہر ایک باخبر ہے۔ اس زبان کے فروغ کے لیے متعدد کتابیں مختلف انداز سے لکھی جا چکی ہیں۔ اور ہر دن اس زبان پر نت نئی تحقیقات سامنے آرہی ہیں۔ یقیناً عربی زبان دنیا کی ایک لاثانی زبان ہے اور ہر لحاظ سے یہ ٹھوس بنیادوں پر مبنی ہے۔ مثلاً قواعد، علم معانی، وعلم بیان وغیرہ۔

عصرِ حاضر میں اس زبان کو فروغ دینے کے لیے مختلف سرکاری، غیر سرکاری اور تجارتی ادارے کام کر رہے ہیں اور ان اداروں کی فہرست میں دن بہ دن اضافہ ہوتا جا رہا ہے۔ بلکہ یورپ وامریکہ کی تقریباً سبھی یونیورسٹیوں میں اس کو داخلِ نصاب کر دیا گیا ہے۔

عصرِ حاضر چوں کہ تکنالوجی سے لیس ہے اس لیے متعدد سافٹ ویرس بھی منظرِ عام پر آچکے ہیں جو مختلف کمپیوٹر پروگرامز کی اعانت سے بنائے گئے ہیں۔ اور اینڈرائڈ اور ونڈوز & Android)‎ (Windows جیسے اسمارٹ فونس کے لیے بھی ایسے خوداکتسابی ایپلیکیشنس بنائے گئے ہیں۔ جو خود تدریسی نظام کو فروغ دے رہے ہیں۔

ماضیِ قریب میں اسمارٹ کلاس کے لیے "مدرّس®" جیسا اہم ذولسانی (اردو-انگریزی) عربی ایپلیکیشن منظرِ عام پر آچکا ہے۔ الغرض وقت اور تکنالوجی کی رفتار کے ساتھ ساتھ عربی زبان ترقی کر رہی ہے اور فروغ پا رہی ہے۔ علاوہ ازیں متعدد مصنفین کی مختلف کتابیں جدید انداز میں دستیاب ہیں۔ یہ کتاب بھی انہیں میں سے ایک ہے۔

جس میں آسان اور سہل طرزِ نگارش کو استعمال کرتے ہوئے عربی زبان کے ان الفاظ و معنی کو اکٹھا کیا گیا ہے جن کا بکثرت استعمال کیا جاتا ہے۔ اور کوشش یہ کی گئی ہے کہ تقریباً دو ہزار الفاظ پر مشتمل یہ ڈکشنری ہر اس فرد کے کام آئے جو جلد از جلد عربی بولنے اور سیکھنے کا خواہشمند ہے۔

یہ کتاب ایک اچھی کتاب ہونے کے ساتھ ساتھ درجہ ذیل خصوصیات کی حامل ہے۔

- ✔ مکتسبین کی استعداد کا خیال رکھا گیا ہے۔
- ✔ عربی متن کو رومن رسم الخط میں بھی لکھا گیا ہے۔
- ✔ اردو حروفِ تہجی کے لحاظ سے کتاب کی ترتیب دی گئی ہے۔

سہولت کے لیے رومن کو انگریزی سے قریب تر اور اردو کو عربی سے قریب تر رکھا گیا ہے۔ اس کے علاوہ اس کتاب کی ترتیب میں انسانی زندگی کے اہم امور کو ملحوظ رکھتے ہوئے مختلف عناوین کا انتخاب کیا گیا ہے۔ اور ان ہی بنیادوں پر کتاب کی ترتیب دی گئی ہے۔

کوشش تو یہی کی گئی ہے کہ ہر مکتسب بہ آسانی اس کتاب سے استفادہ کرے اگر مکتسبین کو کسی بھی طرح کی نئی ترکیب یا تجویز سوجھے تو براہِ راست الخیر پبلیشرز سے رابطہ کریں۔ عین نوازش ہوگی۔

اے۔ یم۔ کے صدیقی
حیدرآباد - دکن

عرضِ مترجم

عربی زبان کا لسانی وادبی سرمایہ مختلف اصنافِ سخن پر مشتمل ہے۔ بالخصوص عربی زبان کی لغت والفاظ سازی میں کافی وسعت پائی جاتی ہے۔ ایک ہی لفظ سے کئی الفاظ بنائے جاتے ہیں اور ایک ہی مادے کے کئی مشتقات بنا کر الفاظ معانی کو نئی جہت عطا کی جاتی ہے۔ آج کے اس ترقی یافتہ زمانے میں ہر دن ایک نئی چیز ایجاد وانکشاف ہو کر منظر عام پر آرہی ہے اور ہر نئی ایجاد کردہ شئے کو جدید اصطلاحات کی ضرورت ہے عربی زبان اپنے اندر اتنی وسعت اور جامعیت رکھتی ہے کہ ہر جدید اختراع شدہ چیز کا متبادل وضع کرے اور اس کے لیے ضروری و آسان اصطلاح کو رائج کرے۔ ساتھ ہی ساتھ یہ وضع شدہ اصطلاحات کلاسیکل وماڈرن عربی کے متعین شدہ اصولوں پر مبنی ہوں اور علمی وادبی حلقوں میں ان کو قبول کیا گیا ہو۔ اور پھر وضع شدہ اصطلاحات کو منظوری دینے والے ادارے بھی ان اصطلاحات کو رائج کرنے پر رضامندی کا اظہار کیا ہو۔ الغرض عربی زبان کے بنائے گئے الفاظ، تراکیب، اور قواعد لسانیات کے بہت ہی معیاری اور سائنٹیفک اصولوں پر مبنی ہیں۔

زیرِ نظر کتاب روز مرہ استعمال ہونے والے آسان اور عام فہم الفاظ ومعانی کا مجموعہ ہے۔ جس میں انسانی زندگی سے متعلق تقریباً دو ہزار الفاظ ومعنی جمع کیے گئے ہیں ۔ جو مکتسبین کے لیے ایک قیمتی تحفہ ہے۔ کتاب کی اسی جامعیت اور اختصار کو پیشِ نظر رکھتے ہوئے میں نے اس کتاب کو ترجمہ کے لیے منتخب کیا ہے۔ اور کوشش تو یہی کی گئی ہے کہ الفاظ کے متبادلات مناسب، آسان قابل فہم اور عام ہوں، تا کہ ہر فرد جو اردو زبان سے وابستہ ہے وہ اس سے استفادہ کرکے۔ امید کے میری یہ کوشش آپ کو پسند آئے گی۔

اخیر میں جناب اے۔ ایم۔ صدیقی صاحب کی ممنون وشاکر ہوں جنہوں نے اس کتاب کے ترجمہ کی اجازت دیتے ہوئے میری ہمت افزائی کی۔ اور الخیر پبلشیرز کی بھی جہاں پر اس کتاب کی طباعت ممکن ہوسکی۔ اور میں ان سبھی قارئین اور معاوین کی شکر گزار ہوں جنہوں نے میرا ساتھ دیا اور ہمت افزائی کی۔

صالحہ صدیقہ محمدی

ایم۔ اے اردو

:: فہرست ::

اوقات

ROMAN	العربية	اردو
Zamaan	زمان	وقت
sana	سنة	سال
usbu	أسبوع	ہفتہ
yawm	يوم	دن
saah	ساعة	گھنٹہ
daqiiqa	دقيقة	منٹ
taanya	ثانية	سکنڈ
yoom al-aHad	يوم الأحد	اتوار
yoom al-itnein	يوم الاثنين	پیر
yoom at-tulaataa'	يوم الثلاثاء	منگل
yoom al-arbiaa'	يوم الأربعاء	بدھ
yoom al-Khamiis	يوم الخميس	جمعرات
yoom al-juma	يوم الجمعة	جمعہ
yoom as-sabt	يوم السبت	ہفتہ
fajr	فجر	طلوع فجر/فجر
šuruuq aš-šams	شروق الشمس	طلوع آفتاب

SabaaH	صباح	صبح
Zuhr	ظهر	دوپہر
baad -Zuhr	بعد الظهر	بعدِ ظہر
masaa'	مساء	شام
ġuruub aš-šams	غروب الشمس	غروب آفتاب
muntaSaf al-leil	منتصف الليل	آدھی رات
laiah	ليلة	رات
as-saah al-waaHida	الساعة الواحدة	ایک بجے
qabl	قبل	پہلے
baad	بعد	بعد
tumma	ثم	پھر
Hatta	حتى	تک
al'aan	الآن	اب
awwal ams	أول أمس	گزشتہ پرسوں
ams	أمس	گزشتہ کل
lailah ams	ليلة أمس	کل رات
al-yoom	اليوم	آج
ġadan	غدا	کل
baad al-ġad	بعد الغد	پرسوں

آخری (ہفتہ)	الأسبوع الماضي	(al-usbu) ul-maaDi
اگلا (ہفتہ)	الأسبوع المقبل	(al-usbuu) ul-muqbil
سارا دن	طوال اليوم	Tuwaal al-yawm
ہر روز	كل يوم	kull yawm
دن بدن	يوما بعد يوم	yawman bad yawm
جلدی	مبكر	mubakkir
دیر	متأخر	muta'aKhir
کچھ دیر بعد	بعد قليل	bad qaliil

اعداد

ROMAN	العربية	اردو
sifr	صفر	صفر
wahid	واحد	ایک
ithnan	إثنان	دو
thalatha	ثلاثة	تین
arba'a	أربعة	چار
khamsa	خمسة	پانچ
sitta	ستة	چھ
sab'a	سبعة	سات
thamaaniya	ثمانية	آٹھ
tis'a	تسعة	نو
'ashra	عشرة	دس
ihada 'ashar	إحدى عشر	گیاره
ithna 'ashar	إثنا عشر	باره
thalatha 'ashar	ثلاثة عشر	تیره
arba'a 'ashar	أربعة عشر	چوده
khamsa 'ashar	خمسة عشر	پندره

sitta 'ashar	ستة عشر	سولہ
sab'a 'ashar	سبعة عشر	سترہ
thamaniya 'ashar	ثمانية عشر	اٹھارہ
tis'a 'ashar	تسعة عشر	انّیس
'ishrun	عشرون	بیس
wahed wa-'ishrun	واحد و عشرون	اکیس
ithnane wa-'ishrun	إثنان وعشرون	بائیس
thalatha wa-'ishrun	ثلاثة و عشرون	تیّس
arba'a wa-'ishrun	أربعة و عشرون	چوبیس
khamsa wa-'ishrun	خمسة و عشرون	پچیس
sitta wa-'ishrun	ستة و عشرون	چھبیس
sab'a wa-'ishrun	سبعة وعشرون	ستّائیس
thamaniya wa-'ishrun	ثمانية و عشرون	اٹھائیس
tis'a wa-'ishrun	تسعة و عشرون	انّیس
thalathun	ثلاثون	تیس
arba'un	أربعون	چالیس
khamsun	خمسون	پچاس
sittun	ستون	ساٹھ
sab'un	سبعون	ستّر

thamanun	ثمانون	اسّی
tis'un	تسعون	نوے
mi'a	مائة	سو
alf	ألف	ہزار

انسانی زندگی

ROMAN	العربية	اردو
Rajul	رجل	آدمی
Ab	أب	باپ
Tifl	طفل	بچہ
Akh	أخ	بھائی
ukt	أخت	بہن
ibn	إبن	بیٹا
Zawja	زوجة	بیوی
Hafiid	حفيد	پوتا
HaDaara	حضارة	تہذیب
Taqaafa	ثقافة	ثقافت
šaabb	شاب	جوان آدمی/نوجوان
Saġiir	صغير	چھوٹا
Aa'ila	عائلة	خاندان
Jadd	جدّ	دادا
Jadda	جدة	دادی
Ariis	عريس	دلہا

Transliteration	Arabic	Urdu
Aruus	عروس	دلہن
Aqrab	أقرب	رشتہ دار
Taqliid	تقليد	روايت
Hayaah	حياة	زندگی
KhuTuuba	خطوبة	سگائی
mujtama	مجتمع	سوسائٹی
zawaaj	زواج	شادی
šakhS	شخص	شخص
Zawj	زوج	شوہر
Talaaq	طلاق	طلاق
umr	عمر	عمر
imra'a	امرأة	عورت
aazib	أعزب	غیر شادی شدہ
naas	ناس	لوگ
Umm	أمّ	ماں
khaTiiba	خطيبة	منگیتر
šaabba	شابة	نوجوان عورت
fatan	فتى	نوجوان لڑکا
fataah	فتاة	نوجوان لڑکی

ماحول و موسم

ROMAN	العربية	اردو
šallaal	شلال	آبشار
samaa'	سماء	آسمان
naar	نار	آگ
ġeima	غيمة	بادل
Hadiiqa	حديقة	باغ
barq	برق	
qaarra	قارّة	برِّاعظم
miinaa'	ميناء	بندرگاہ
waraq	ورق	پتّہ
Hajar	حجر	پتھر
jabal	جبل	پہاڑ
zahra	زهرة	پھول
nabaat	نبات	پودا
birka	بركة	تالاب
jadr	جذر	جڑ
jaziira	جزيرة	جزیرہ

جنگل	غابة	*ġaaba*
جھاڑی	دغل	*daġal*
جھیل	بحیرة	*buHeira*
چاند	قمر	*qamar*
خزاں	خریف	*kariif*
خلیج	خلیج	*kaliij*
درخت	شجرة	*šajara*
دریا	نهر	*nahr*
دنیا	عالم	*Aalam*
دھول / مٹی	تراب	*turaab*
ڈگری	درجة	*daraja*
ریت	رمل	*raml*
زلزلہ	زلزال	*zilzaal*
زمین	أرض	*arD*
ساحل	ساحل	*SaaHil*
ساحل سمندر	شاطئ	*šaaTi'*
ستارہ	نجم	*najm*
سردی	بارد	*baarid*
سرما	شتاء	*šitaa'*

muHiiT	محيط	سمندر
šams	شمس	سورج
kawkab	كوكب	ستاره
fayaDaan	فيضان	سيلاب
fara	فرع	شاخ
aT-Tabiiah	الطبيعة	فطرت
bi'r	بئر	کنواں
Haar	حار	گرم
warda	وردة	گلاب
kašab	خشب	لکڑی
Mauj	موج	لہر
bii'a	بيئة	ماحول
faSl	فصل	موسم
al-jaww	الجوّ	موسم
rabie	ربيع	موسم بہار
Saif	صيف	موسم گرما
Haql	حقل	ميدان/کھیت
riiH	ريح	ہوا
waadi	وادي	وادی

تعلیم

ROMAN	العربية	اردو
al-madrasa l-ibtidaa'iyya	المدرسة الإبتدائية	ابتدائی اسکول
albasariyaat	البصريات	آپٹکس
aladab	الأدب	ادب
aljaiyalujiya	الجيولوجيا	ارضیات
minhah	منحة	اسکالرشپ
madrasa	مدرسة	اسکول
misTarah	مسطرة	اسکیل
imtiHaan	إمتحان	امتحان
alhandasah	الهندسة	انجینئرنگ
mousua'h	موسوعة	انسائیکلوپیڈیا
mahad	معهد	انسٹی ٹیوٹ
munaaqaša	مناقشة	بحث
ustaad	أستاذ	پروفیسر
barnaamaj	برنامج	پروگرام
qalamu rasaas	قلم رصاص	پنسل
taqdiim	تقديم	پیش کش

اردو	عربی	Transliteration
تاریخ	التاريخ	*attaariik*
تختہ سیاہ	سبورة	*sabburah*
تلفظ	لفظ	*lafzun*
ٹیچر	مدرّس	*mudarris*
ثانوی سکول	المدرسة الثانوية	*al-madrasa t-taanawiyya*
جانچ	إختبار	*iktibaar*
الجبرا	الجبر	*aljabar*
جغرافیہ	الجغرافيا	*aljugraafiyah*
جماعت	فصل	*Fasl*
چاک	طباشير	*Tabaashiir*
چھٹی	إجازة	*ijaazah*
حیاتیات	الأحياء	*alahyaa*
دندان سازی	طب الأسنان	*Tibbu linsaan*
ڈاکٹریٹ	دكتوراه	*dactooraah*
ذخیرہ الفاظ	مفردات	*mufradaat*
رقص	الرقص	*arraqs*
روانی	طلاقة	*Talaaqah*
ریاضی	الرياضيات	*arriyaadiyaat*

lugat	لغة	زبان
I'lmun	علم	سائنس
dars	درس	سبق
našaaT	نشاط	سرگرمی
maadda	مادّة	سکول مضمون
I'lmu alijtimaa'	علم الإجتماع	سماجیات
šahaada	شهادة	سند
alu'loom assiyaasiyah	العلوم السياسية	سیاسیات
alihsaa	الإحصاء	شماریات
mimhaat	ممحاة	صافی
asshaafah	الصحافة	صحافت
Sah	صح	صحیح
tilmiid	تلميذ	طالب علم
Taalib	طالب	طالب علم
alfiiziyah	الفيزياء	طبیعیات
assaidaliyah	الصيدلة	فارمیسی
alfalsafiyah	الفلسفة	فلسفہ
fannun	فن	فن
ali'maarah	العمارة	فن تعمیر

فن حساب داری	المحاسبة	*almuhaasabah*
قلم	قلم	*qalam*
قواعد	قواعد	*qawaai'd*
کاروباری انتظامیہ	إدارة الأعمال	*idaaratu alaa'maal*
کاغذ	ورقة	*waraqah*
کالج	كلية	*kulliyya*
کلاس گھنٹی	حصّة	*Hissatun*
کمپیوٹر سائنس	علم الحاسوب	*I'lmu lhaasoob*
کنڈر گارٹن	روضة الأطفال	*rawDat al-aTfaal*
کیلکولیٹر	آلة حاسبة	*aalatu haasibah*
کیمیا	الكيمياء	*alkiimiyaa*
گریڈ	صف	*Saff*
لسانیات	اللسانيات	*allisaaniyaat*
لغت	قاموس	*qaamus*
لیکچر	محاضرة	*muHaaDara*
ماسٹرز	ماجستير	*majisteir*
متبادل	مرادف	*muraadif*
محکمہ	قسم	*qism*
مطالعات	دراسات	*diraasaat*

معاشیات	الإقتصاد	*aliqtisaad*
مہارت	مهارة	*mahaarah*
موسیقی	الموسیقى	*almousiqi*
نباتیات	علم النبات	*I'lmu nnabaat*
نرسری اسکول	حضانة	*HaDaana*
نصاب	منهج	*manhaj*
نفسیات	علم النفس	*I'lmu annafs*
نوٹ بک	دفتر	*daftarun*
ہجے	تهجئة	*tahajeah*
ہوم ورک	واجب	*waajib*
ورزش	تمرين	*tamriin*
یونیورسٹی	جامعة	*jamia*

تکنالوجی

ROMAN	العربية	اردو
niZaam at-tašǧiil	نظام التشغيل	آپریٹنگ سسٹم
HaafiZat aš-šaaša	حافظة الشاشة	اسکرین سیور
al-internet	الإنترنت	انٹرنیٹ
bariid elektroni	بريد الإلكتروني	ای میل
risaala	رسالة	ایس ایم ایس
kalimat as-sirr	كلمة السرّ	پاس ورڈ
Tabbaah	طباعة	پرنٹر
muaalij	معالج	پروسیسر
barnaamaj	برنامج	پروگرام
luǧat al-barmaja	لغة البرمجة	پروگرامنگ زبان
qurS viidiyo raqami	قرص فيديو رقمي	ڈی وی ڈی
bayanaat	بيانات	ڈیٹا
raqami	رقمي	ڈیجیٹل
Suura kalfiyyat aš-šaaša	صورة خلفية الشاشة	ڈیسک ٹاپ وال پیپر
daakirat al-	ذاكرة الوصول	رایم

اردو	عربی	Transliteration
	العشوائي	*wuSuul al-ašwaa'i*
زیراکس مشین	جهاز تصوير مستندات	*jihaaz taSwiir mustanadaat*
سافٹ ویئر	برمجيات	*barmajiyaat*
سپیکرس	سماعات	*sammaat*
سرچ انجن	محرك البحث	*muHarrik-ul-baht*
سرور	مزود	*muzawwid*
سکینر	ماسح ضوئي	*maasiH Doo'i*
سی پی یو	وحدة المعالجة المركزية	*waHdat al-muaalija al-markaziyya*
سی ڈی	قرص مضغوط	*qurS maDġuuT*
سیل فون	الجوال	*Al-jawwal*
فائل	ملف	*malaff*
کاپی	نسخة	*nuska*
کمپیوٹر	حاسوب	*Haasuub*
کی	زر	*zirr*
کی بورڈ	لوحة المفاتيح	*lawHat al-mafaatiiH*
لنک	رابط	*raabiT*

لیپ ٹاپ	حاسوب محمول	*Haasuub maHmuul*
مانیٹر	شاشة	*šaaša*
ماؤس	فأرة	*fa'ra*
مائیکروفون	لاقط الصوت	*laaqiT aS-Soot*
مدر بورڈ	لوحة أم	*lawHat umm*
ملٹی میڈیا	وسائط متعددة	*wasaa'iT mutaddida*
میموری کارڈ	بطاقة ذاكرة	*biTaaqat daakira*
ہارڈ ڈرائیو	محرك صلب	*muHarrik Sulb*
ہارڈ ڈسک	قرص صلب	*qurS Sulb*
ہارڈویئر	العتاد الصلب	*al-iataad aS-Sulb*
وائرلیس	لا سلكي	*la silki*
ورچوئل	وهمي	*wahmi*

تجارت

ROMAN	العربية	اردو
Al muhaasaba	المحاسبة	اکاؤنٹنگ
Diqqa	دقة	درستگی
Albadeel	البديل	متبادل
Thaleel	تحليل	تجزیہ
Mulaaima	ملائمة	موزوں
Assultah	السلطه	اختیار
sanadaat	سندات	معاہدہ
Miizaania	ميزانية	بجٹ
Ra sul maal	رأس المال	دارالحکومت
Ra asmalia	رأس مالية	سرمایہ داری
Naqd	نقد	نقد رقم
A'meel\zaboon	عميل/زبون	کلائنٹ
siyasah tijariyah	سياسة تجارية	تجارتی پالیسی
munaafasah	منافسة	مقابلہ
munaafis	منافس	مد مقابل
mafaaheem	مفاهيم	تصورات

طرزِ عمل	سلوك	*suluk*
صارف	مستهلك	*mustahlak*
كهپت	إستهلاك	*istahlaak*
معاہدہ	عقد	*aqad*
لاگت	تكلفة	*taklafah*
بچت	رصيد	*raseed*
بحران	الأزمة المالية	*Azamaatul maliyah*
كرنٹ اكاؤنٹ	حساب جاري	*hisaabu jaarin*
ڈیبٹ	دين	*dain*
خسارہ	العجز	*ala'juz*
مانگ	طلب	*talab*
محکمہ	قسم	*qismun*
براہِ راست	مباشر	*mubaashir*
سمت	إتجاه	*ittijaah*
تقسیم	تَوزيع	*tauzi'*
غلبہ	سيطرة	*saytarah*
كاركردگی	كفائة	*kafaa-atu*
موثر	كفوء	*kafu*
روزگار	تشغيل	*Tashgeel*

توانائی	الطاقة	attaqah
برابری	مساواة	masaawaat
توازن	توازن	Tawa azun
اکوئٹی	عدالة	adaalah
جانچ	تقييم	taqyeem
اضافی	فائض	faa-iz
تبادلہ	تبادل	tabaadul
شرح تبادلہ	سعر الصرف	sa'ruassarf
امید	توقع	tawaqqau'
برآمد	تصدير	tasdeer
خارجی	خارجي	khaariji
سرمایہ کاری	مالي	maali
غیر ملکی کرنسی	العمله الأجنبية	alu'mlatualajnabiyyatu
روزگار	توظيف	tauzeef
درآمد	استيراد	istiiraad
آمدنی	الدخل	dakhal
افراط زر	تضخم	tadakhum
انشورنس سیکٹر	قطاع التأمين	qataau' attameen

Urdu	Arabic	Transliteration
فائدہ	فائدة	*faaidah*
سرمایہ کاری	الإستثمار	*alistithmaar*
ٹھیکہ	إيجار	*eejaar*
واجبات	خصوم	*khusoom*
قرض	قرض	*qarad*
نقصانات	خسائر	*khasaair*
انتظامیہ	الإدارة	*alidaarah*
مینجر	مدير	*mudeer*
بدانتظامی	سوء الإدارة	*suulidaarah*
اجارہ داری	إحتكار	*ihtikaar*
مشاہدہ	ملاحظة	*mulaahazah*
کنگال	مفلس	*muflis*
کارکردگی	الأداء	*aladaau*
پالیسیاں	سياسات	*siyaasaat*
پیش گوئی	تنبؤ	*tanbu*
بنیادی مارکیٹ	السوق الرئيسية	*assooquarraisiyyiah*
پیداواریت	الإنتاجية	*alintaajiyyah*
منافع	الأرباح	*alarbaah*
پروجیکٹ	مشروع	*mashroo'*

خریداریاں	مشتریات	*mushtariyaat*
شہرت	الشهره	*shuhrah*
خطرہ	مخاطره	*mukhaatarah*
صاحب حصص	مساهم	*musaahim*
محصول	الضریبة	*addareebah*
تجارت	تجارة	*tijaarah*

محنت و مزدوری

ROMAN	العربية	اردو
ZaabiT	ضابط	آفسر
muHaasib	محاسب	اکاؤنٹنٹ
muhandis	مهندس	انجینئر
mufattiš	مفتش	انسپکٹر
Tabbaak	طباخ	باورچی
najjaar	نجار	بڑھئ
raSiid	رصید	بقیہ
Bitala	بطالة	بے روزگاری
Tayyaar	طیار	پائلٹ
sabbaak	سباك	پلمبر
šurTi	شرطي	پولیس اہلکار
maal	مال	پیسے
mihna	مهنة	پیشہ
rajul amaal	رجل أعمال	تاجر
taajir	تاجر	تاجر
kibra	خبرة	تجربہ

اردو	عربی	Transliteration
تعارف نامہ	سيرة ذاتية	*siira daatiyya*
تنخواہ	راتب الشهري	*Raatibus-shahri*
ٹھیکیدار	مقاول	*muqaawil*
ٹیچر	مدرس	*mudarris*
چیک	شيك	*šek*
حجام	حلاق	*Hallaaq*
حساب	حساب	*Hisaab*
درزی	خياط	*khayyaaT*
ڈاکٹر	طبيب	*Tabiib*
روزگار	توظيف	*tawZiif*
ساتھی	زميل	*zamiil*
سنار	جوهری	*jawharji*
سیلزمین	بائع	*baa'i*
صحافی	صحافي	*SaHafi*
طالب علم	طالب	*Taalib*
قابلیتیں	مؤهلات	*mu'ahhilaat*
قصاب	جزار	*jazzaar*
قلم کار	كاتب	*kaatib*
کارکن	عامل	*Aamil*

Amal	عمل	کام
waZiifa šaaġira	وظيفة شاغرة	کام ٕرکتی
muzaari	مزارع	کسان
mubarmij Haasuubaat	مبرمج حاسوبات	کمپیوٹر پروگرامر
Haaris	حارس	گارڈ
amiin maktaba	أمين مكتبة	لائبریرین
Haddaad	حداد	لوہار
musawwiq	مسوق	مارکیٹر
mudiir	مدير	مالک/مینجر
kabiir	خبير	ماہر
mu'allif	مؤلف	مصنف
musaaid	مساعد	معاون
muwaZZaf	موظف	ملازم
waZiifa	وظيفة	ملازمت
qaaDin	قاضٍ	منصف
muktari	مخترع	موجد
miikaaniki	ميكانيكي	میکانک
kabbaaz	خباز	نانبائی

mumarriD	ممرض	نرس
muraaqib	مراقب	نگران
kaddaama	خدامة	نوکرانی
muHaamin	محام	وکیل

مذہب

ROMAN	العربية	اردو
khair	خير	اچھا
adaan	أذان	اذان
al-islaam	الإسلام	اسلام
imaam	إمام	امام
aaya	آية	آیت
šahaada	شهادة الايمان	ایمان کی گواہی
al-buudiyya	البوذية	بدھ مت
šarr	شر	بدی
aS-Suufiyya	الصوفية	تصوف
tauba	توبة	توبہ
at-tauraah	التوراة	توریت
al-janna	الجنة	جنت
an-naar	النار	جہنم
al-jaaniyya	الجانية	جین مت
kaniisa	كنيسة	چرچ
Hajj	حج	حج

kuTba	خطبة	خطبہ/تقریر
rabb	رب	رب
baraka	بركة	رحمت
raHma	رحمة	رحمت
ruuH	روح	روح
Saum	صوم	روزہ
zakaah	زكاة	زکات
as-siikiyya	السيخية	سکھ مت
suura	سورة	سورہ
ilmaaniyya	علمانية	سیکولرازم
aš-šeiTaan	الشيطان	شیطان
Aaqiida	عقيدة	عقیدہ
umrah	عمرة	عمرہ
masiiHi	مسيحي	عیسائی
al-masiiHiyya	المسيحية	عیسائیت
Malak	ملك	فرشتہ
al-qur'aan	القرآن الكريم	قرآن کریم
DaHiya	ضحية	قربانی
qadr	قدر	قسمت

قیامت	قیامة	*qiyaama*
قیامت کادن	یوم القیامة	*Yaum ul-qiyaama*
گناہ	خطیئة	*kaTii'a*
مذہب	دین	*diin*
مسجد/جامع مسجد	جامع	*jaami*
مسلم	مسلم	*muslim*
معجزہ	معجزة	*mujiza*
مغفرت	غفران	*ġufraan*
منبر	منبر	*minbar*
مندر	معبد	*mabad*
مؤذن	مؤذن	*mu'addin*
نبی	نبي	*nabi*
نجات دہندہ	مخلّص	*mukalliS*
نماز	صلاة	*Salaah*
ہندومت	الهندوسية	*al-hinduusiyya*
یہودی	یهودي	*yahuudi*
یہودیت	الیهودية	*al-yahuudiyya*

اسلام

ROMAN	العربية	اردو
Al hamdu lillha	الحمد لله	الحمدللہ
Allha hu akbar	ألله أكبر	اللہ اکبر
Subhanallha	سبحان الله	سبحان اللہ
Astag firullah	أستغفر الله	استغفر اللہ
In sha allha	إن شاء الله	ان شاءاللہ
Bismilla	بسم الله	بسم اللہ
Meeraas	الميراث	میراث
Halaal	حلال	حلال
Razi yallhu anhu	رضي الله عنه	رضی اللہ عنہ
sallallaahu alaihi wa sallam	صلى الله عليه و سلم	صلی اللہ علیہ وسلم
Salaat	صلاة	نماز
Haraam	حرام	حرام
Eqaab	عقاب	سزا

اعضاء جسم

ROMAN	العربية	اردو
Aein	عين	آنکھ
Sabbaaba	سبابة	انگشت شہادت
kinSir	خنصر	انگشت کوچک
ibhaam	إبهام	انگوٹھا
binSir	بنصر	انگوٹھی انگلی
diraa	ذراع	بازو
šar	شَعر	بال
bašia	بشع	بدصورت
Haajib	حاجب	بھویں
aš-šamm	الشمّ	بو
qadam	قدم	پاؤں
qaSiir	قصير	پست قد
ri'a	رئہ	پھیپھڑا
baTn	بطن	پیٹ
meda	معدة	پیٹ/معدہ
Zahr	ظهر	پیٹھ

پیشانی	جبین	*jabiin*
ٹانگ / پیر	رجل	*rijl*
ٹھوڑی	ذقن	*duqan*
جسم	جسم	*jism*
جگر	كبد	*kabid*
جلد / چمڑا	جلد	*jild*
جوڑ	مفصل	*mafSil*
چربی	سمين	*samiin*
چہرہ	وجہ	*wajh*
حجامت	قصّ الشعر	*qaSS aš-šar*
حلق	حنجرة	*Hanjara*
خوبصورت	جميل	*jamiil*
خون	دمّ	*damm*
داڑھی	لحية	*liHya*
دانت	سن	*sinn*
دبلا	نحيف	*naHiif*
درمیانی انگلی	وسطى	*wusTa*
دل	قلب	*qalb*
دماغ	دماغ	*dimaaġ*

اردو	عربی	Transliteration
ذائقہ	التذوق	*at-tadawwuq*
ران	فخذ	*fakid*
رنگ	صبغة	*Sibġa*
ریڑھ کی ہڈی	العمود الفقري	*al-amuud al-faqri*
زبان	لسان	*lisaan*
سر	رأس	*ra's*
سینہ	صدر	*Sadr*
عضو	عضو	*ADw*
غدود	غدة	*ġudda*
کان	أذن	*udun*
کندھا	كتف	*katif*
کھوپڑی	جمجمة	*jumjuma*
گردا	كلية	*kulya*
گردن	رقبة	*raqaba*
گھٹنا	ركبة	*rukba*
لعاب	لعاب	*luaab*
لمبا	طويل	*Tawiil*
لمس	اللمس	*al-lams*
منہ	فم	*fam*

šaarib	شارب	مونچھ
Zufr	ظفر	ناخن
anf	أنف	ناک
yad	يد	ہاتھ
raaHat	راحة	ہتھیلی
AaZm	عظم	ہڈی
šafa	شفة	ہونٹ

گھر

ROMAN	العربية	اردو
mikwaah	مكواة	استری
adaah	أداة	آله
zeit al-Kirwa	زيت الخروع	آئی لائنر
miraah	مرآة	آئینہ
šurfa	شرفة	بالکنی
maTbaq	مطبخ	باورچی خانہ
furšaah	فرشاة	برش
sariir	سرير	بستر
aHmar al-kuduud	أحمر الخدود	بلش
doorat al-miyaah	دورة مياة	بیت الخلا
ġurfat noom	غرفة نوم	بیڈروم
buudra	بودرة	پاؤڈر
maasuura	ماسورة	پائپ
jaar	جار	پڑوسی
kuub	كوب	پیالہ
dihaan	دهان	پینٹ

minšafa	منشفة	تولیہ
waraq tuwalitt	ورق تواليت	ٹائلیٹ پیپر
majuun asnaan	معجون أسنان	ٹوتھ پیسٹ
tilifoon	تلفون	ٹیلی فون
televizyoon	تلفزيون	ٹیلی ویژن
ibriiq	إبريق	جگ
miftaaH	مفتاح	چابی
sikkiin	سكّين	چاقو
mimsaHa	ممسحة	چٹائی
miSbaaH	مصباح	چراغ
milaqa	ملعقة	چمچہ
saqf	سقف	چھت
saTH	سطح	چھت
furšaat asnaan	فرشاة أسنان	دانتوں کا برش
baab	باب	دروازہ
bawwaaba	بوّابة	دروازہ/مین گیٹ
jidaar	جدار	دیوار
maa'ida	مائدة	ڈائننگ ٹیبل
ġurfah Ta'am	غرفة طعام	ڈائننگ روم

ڈش	طبق	*Tabaq*
ڈیسک	مکتب	*maktab*
روشنی	نور	*nuur*
ریموٹ کنٹرول	حاكم عن بعد	*Haakim an bud*
سکرو	برغي	*burġi*
سکھانے والا آلہ	جهاز التنشيف	*jahaaz at-tanšiif*
سنک	مغسلة	*maġsala*
سیڑھیاں	سلالم	*salaalim*
شیڈ/سایہ	ظلّ	*Zill*
شیشہ	زجاجة	*zujaaja*
شیمپو	شامبو	*šaambuu*
صابن	صابون	*Sabuun*
صوفہ	أريكة	*ariika*
غسل خانہ	حمّام	*Hammaam*
فاؤنڈیشن	كريم الأساس	*kriim al-asaas*
فرج	ثلاجة	*tallaaja*
فرش	أرضية	*arDiyya*
فرنیچر	أثاث	*ataat*
فولاد	صلب	*Sulb*

miqaSS	مقصّ	قینچی
finjaan	فنجان	کافی کپ
ajjara	أجر	کرایہ
kursi	كرسي	کرسی
ġurfa	غرفة	کمرہ
mušT	مشط	کنگھی
šubbaak	شبّاك	کھڑکی
aHmar aš-šifaah	أحمر الشفاة	لالی
Hadiid	حديد	لوہا
šamah	شمعة	موم بتی
Taawula	طاولة	میز
ġiTaa' aT-Taawula	غطاء الطاولة	میز پوش
maakiyaaž	ماكياج	میک اپ
mismaar	مسمار	ناخن
miTraqa	مطرقة	ہتوڑی
miqbaD al-baab	مقبض الباب	ہینڈل
ġassaala	غسّالة	واشنگ مشین
kahrabaa'	كهرباء	الیکٹریسٹی

لباس

ROMAN	العربية	اردو
kaatam	خاتم	انگوٹھی
miHfaZa	محفظة	بٹوا
banTaloon	بنطلون	پتلون
šanTa	شنطة	پرس
rabTa unuq	ربطة عنق	ٹائی
Hidaa'	حذاء	جوتا
jaib	جيب	جيب
sutratu	سترة	جيکٹ
fiDDa	فضّة	چاندی
kuff	خفّ	چپّل
miZalla	مظلّة	چھتری
siwaar	سوار	چوڑی
saath yad	ساعة يد	دستی گھڑی
khaiT	خيط	دھاگہ
badla	بدلة	سوٹ
dahab	ذهب	سونا

قمیص	قمیص	*qamiiS*
کالر	قبّة	*qubba*
کپاس	قطن	*quTun*
کپڑے	ملابس	*malaabis*
کمربند / بلٹ	حزام	*Hizaam*
کوٹ	معطف	*miTaf*
گنڈی	زرّ	*zirr*
گہنا	جوهرة	*jawhara*
موتی	لؤلؤ	*lu'lu'*
موزا	جورب	*jawrab*
نقاب	وشاح	*wišaaH*
ہیرا	ماس	*maas*

غذا

ROMAN	العربية	اردو
mango	مانجو	آم
rummaan	رمّان	انار
ananaas	اناناس	اناناس
inab	عنب	انگور
looz	لوز	بادام
baamiya	بامية	بھنڈی
jaa'ie	جائع	بھوکا
naadil	نادل	بیرا
baadinjaan	باذنجان	بینگن
maa'	ماء	پانی
faakiha	فاكهة	پھل
aTšaan	عطشان	پیاسا
waSfa	وصفة	ترکیب
qitTah	قطعة	ٹکڑا
šariiHa	شريحة	ٹکڑا
šaay	شاي	چائے

mišmiš	مشمش	خوبانی
Taam	طعام	خوراک
Haliib	حليب	دودھ
Sunduuq	صندوق	ڈبہ
AaSiir	عصير	رس
maTam	مطعم	ریسٹورانٹ
KhaDrawaat	خضراوات	سبزیاں
burtuqaal	برتقال	سنترہ
tuffaaH	تفّاح	سیب
Khamr	خمر	شراب
šabaan	شبعان	شکم سیر
ġadaa'	غداء	ظہرانہ
Aašaa'	عشاء	عشائیہ
qahwa	قہوة	کافی
tamar	تمر	کھجور
mooz	موز	کیلا
jazar	جزر	گاجر
krumb	كرمب	گوبھی
laymuun	ليمون	لیمو

mašruub	مشروب	مشروب
jooz al-hind	جوز الهند	ناریل
faTuur	فطور	ناشتہ

رنگ

ROMAN	العربية	اردو
asmar	أسمر	بھورا
Simsim	سمسم	تل
urjuwaani	أرجواني	جامنی
fiDDi	فضي	چاندی
laamia	لامع	چمکدار
loun	لون	رنگ
mulawwan	ملوّن	رنگدار
barraaq	براق	روشن
AkhaDar	أخضر	سبز
aHmar	أحمر	سرخ
ramaadi	رمادي	سرمئی
burtuqaali	برتقالي	نارنجی
dahabi	ذهبي	سنہری
Sameed	سميد	سوجی
aswad	أسود	سیاہ
kastanaa'i	كستنائي	عنابی

كريم	أصفر شاحب	*aSfar šaaHib*
گلابی	زهري	*zahri*
گلابی رنگ	وردي	*wardi*
گہرا	غامق	*ġaamiq*
نیلا	أزرق	*azraq*

مسالہ جات

ROMAN	العربية	اردو
hiltiit	حلتيت	آنغوزہ
Njmatul yansu	نجمة اليانسون	بادیان ختائی
Bunni alheel	بني الهيل	بھوری الائچی
Jouwzu attayyib	جوزة الطيب	زائفل
Soljaan	صولجان	چینی
Kamoon	كمون	زیرا
Heel ul aqzar	الهيل الأخضر	سبز الائچی
Alfilfilul a wad	الفلفل الأسود	کالی مرچ
Bazur karratul hamra	بذور الكرة الحمراء	کیرم بیج

ادویات

ROMAN	العربية	اردو
aAma	أعمى	اندھا
isaaf	إسعاف	ایمبولینس
Humma	حمّى	بخار
aTraš	أطرش	بہرا
mariid	مريض	بیمار
maraD	مرض	بیماری
plastar	بلاستر	بینڈایڈ
judaam	جذام	جذام
Aamaliyya	عملية	جراحت / آپریشن
AaTsa	عطسة	چھینک
Tabiib al-asnaan	طبيب الأسنان	دانتوں کا ڈاکٹر
waja	وجع	درد
azma qalbiyya	أزمة قلبية	دل کا دورہ
dawaa'	دواء	دوا
Tabiib	طبيب	ڈاکٹر
maraD as-sukkar	مرض السكّر	ذیابیطس

Urdu	Arabic	Transliteration
الرجی	حسّاسية	*Hassaasiyya*
سٹیتھوسکپ	سمّاعة	*sammaah*
سردرد	صداع	*Sudaa*
صحت	صحة	*SiHHa*
طب	الطبّ	*aT-Tibb*
فارمیسی	صيدلية	*Saidaliyya*
فشارخون	ضغط الدم	*DaġT ad-damm*
قوی	قوي	*qawi*
کلینک	عيادة	*Eiyaada*
کھانسی	سعلة	*sualah*
کوما	غيبوبة	*ġaibuuba*
گردے کی پتھری	حصوة	*HaSwa*
مریض	مريض	*mariiD*
مفلوج	مشلول	*mašluul*
نرس	ممرّض	*mumarriD*
نرسنگ	التمريض	*at-tamriiD*
ہسپتال	مستشفى	*mustašfa*

ممالک

ROMAN	العربية	اردو
waTan	وطن	آبائی وطن
al-'urdunn	الأردن	اردن
usturaaliya	أستراليا	آسٹریلیا
israa'iil	إسرائيل	اسرائیل
afriiqiya	أفريقيا	افریقہ
amriika	أمريكا	امریکہ
inglitira	إنجلترا	انگلستان
aasiya	أسيا	ایشیاء
al-mamlaka al-muttaHida	المملكة المتحدة	برطانیہ
yaabaan	يابان	جاپان
almaaniya	ألمانيا	جرمنی
al-jiiriya	الجيريا	الجزائر
makaan	مكان	جگہ
al-jazaa'ir	الجزائر	الجیریا
aS-Siin	الصين	چین
minTaqa	منطقة	خطہ

AaSima	عاصمة	دارالحکومت
dimašq	دمشق	دمشق
suuriya	سوريا	شام
Hayy	حيّ	ضلع/قبیلہ
filasTiin	فلسطين	فلسطین
al-qaahira	القاهرة	قاہرہ
qaryah	قرية	گاؤں
liibiyaa	ليبيا	لیبیا
mawqi	موقع	محل وقوع
marraakeš	مراكش	مراقش
miSr	مصر	مصر
makka	مكّة	مکہ المکرمۃ
KhariiTa	خريطة	نقشہ
al-hind	الهند	ہندوستان
urubba	أوروبا	یورپ

شہر

ROMAN	العربية	اردو
šuqqa	شقة	اپارٹمنٹ
izdiHaam	ازدحام	اژدہام/عوامی اژدہام
muruur	مرور	اژدہام/ٹرافک اژدہام
maHaTTa	محطة	اسٹیشن
madrasa	مدرسة	اسکول
Sarraaf aali	صرّاف آلي	اے ٹی ایم
safiina	سفينة	بحری جہاز
Haafila	حافلة	بس
maqad	مقعد	بینچ
maKhbaz	مخبز	بیکری
ta'miin	تأمين	بیمہ
jawaaz	جواز	پاسپورٹ
jisr	جسر	پل
raSiif	رصيف	پلیٹ فارم
qism aš-šorTa	قسم الشرطة	پولیس اسٹیشن
šaaHina	شاحنة	ٹرک

išaaraat al-muruur	إشارات المرور	ٹریفک سگنل
Aalaamaat al-muruur	علامات المرور	ٹریفک کی نشانیاں
taksi	تاكسي	ٹیکسی
Hadiiqat al-Hayawaan	حديقة الحيوان	چڑیاگھر
Haadita	حادثة	حادثہ
maHall	محلّ	دکان
maktab al-bariid	مكتب البريد	ڈاک خانہ
saa'iq	سائق	ڈرائیور
rukhSatu qiyaada	رخصة قيادة	ڈرائیونگ لائسنس
maTam	مطعم	ریسٹورانٹ
Iqaar	عقار	ریل اسٹیٹ
qiTaar	قطار	ریل گاڑی
darraaja	درّاجة	سائیکل
baqqaala	بقالة	سبزی کی دکان
Tariiq	طريق	سٹرک
riHla	رحلة	سفر
Hammaam as-sibaaHa	حمّام السباحة	سوئمنگ پول
siyaaHa	سياحة	سیاحت
madiina	مدينة	شہر

Dajja	ضجّة	شور
matHaf	متحف	عجائب گھر
imaara	عمارة	عمارت
muwaaSlaat	مواصلات	عوامی حمل و نقل
Saydaliyya	صيدلية	فارمیسی
Taabuur	طابور	قطار
sayyaara	سيارة	کار
maktaba	مكتبة	کتب خانہ
markab	مركب	کشتی
naadii	نادي	کلب
iyaada	عيادة	کلینک
šarika	شركة	کمپنی
maqha	مقهى	کیفے
šaari	شارع	گلی
bait	بيت	گھر
qaSr	قصر	محل
markaz	مركز	مرکز
masjid	مسجد	مسجد
maabad	معبد	مندر

موٹر سائیکل	درّاجة نارية	*darraaja naariyya*
ہسپتال	مستشفى	*mustašfa*
ہوائی اڈہ	مطار	*maTaar*
ہوائی جہاز	طائرة	*Taa'ira*
ہوٹل	فندق	*funduq*
ہیلی کاپٹر	مروحية	*marwaHiyya*
ویزا	تأشيرة	*ta'šiira*
یونیورسٹی	جامعة	*jaamia*

حکومت اور سیاست

ROMAN	العربية	اردو
Adad sukkaan	عدد سكان	آبادی
waHda	وحدة	اتحاد
jalsa	جلسة	اجلاس
sulTa	سلطة	اختیار
akhlaaq	أخلاق	اخلاق
mu'assasa	مؤسسة	ادارے
tadiib	تعذيب	افیت
Hurriyya	حرية	آزادی
istiqraar	إستقرار	استحکام
ištiraakiyya	إشتراكية	اشتراکیت
šuyuiyya	شيوعية	اشتراکین
al-umam al-muttaHida	الأمم المتحدة	اقوام متحده
aġlabiyya	أغلبية	اکثریت
salaam	سلام	امن
Huquuq ul-insaan	حقوق الإنسان	انسانی حقوق
wakaala	وكالة	ایجنسی

آئین	دستور	*dustuur*
بادشاہ	ملك	*malik*
بادشاہت	مملكة	*mamlaka*
پارلیمنٹ	برلمان	*barlamaan*
تجدید کرنا	إصلاح	*iSlaaH*
تحفظ	حماية	*Himaaya*
تنظیم	منظمة	*munaZZama*
جبر	ظلم	*Zulm*
جماعت	حزب	*Hizb*
جمہوریت	ديموقراطية	*diimoqraaTiyya*
جمہوریہ	جمهورية	*jumhuuriyya*
جنرل سیکرٹری	الأمين العام	*al-amiin al-Aamm*
حرکت	حركة	*Haraka*
حفاظت	سلامة	*salaama*
حق	حق	*Haqq*
حقوقِ نسواں	حقوق المرأة	*Huquuq ul-mar'a*
حکومت	حكومة	*Hukuuma*
خلاف	ضد	*Didd*
دفتری	رسمي	*Rasmi*

رتبہ	منصب	*manSab*
رہنما	زعيم	*zaiim*
سپریم کورٹ	المحكمة العليا	*al-maHkama al-ulya*
سرقہ	سرقة	*sariqa*
سرمایہ داری	رأسمالية	*ra'smaaliyya*
سفارت خانہ	سفارة	*safaara*
سفیر	سفير	*safiir*
سلامتی	أمن	*amn*
سلطنت	امبراطورية	*imbraaTuuriyya*
سیاست	السياسة	*as-siyaasa*
سیاسی	سياسي	*siyaasi*
شہری	مواطن	*muwaaTin*
شہزادہ	أمير	*amiir*
صدر	رئيس	*ra'iis*
طریقہ کار	سياسة	*siyaasa*
عالمی بینک	البنك الدولي	*al-bank ad-dawli*
عام اسمبلی	الجمعية العامة	*al-jamaiyya al-Aamma*
عدالتی	قضائي	*qaDaa'i*
غلامی	عبودية	*ubuudiyya*

فیصد	نسبة	*nisba*
قانون	قانون	*qaanuun*
قانون ساز	تشريعي	*tašrie*
قرارداد	قرار	*qaraar*
قوم	وطن	*waTan*
قوم پرستی	قومية	*qawmiyya*
کمیٹی	لجنة	*lajna*
کونسل	مجلس	*majlis*
کونسلر	مستشار	*mustašaar*
گورنر	حاکم	*Haakim*
مساوات	مساواة	*musaawaah*
مسئله	قضية	*qaDiyya*
معیار	معيار	*meyaar*
مقامی حکومت	الحکومة المحلية	*al-Hukuuma al-maHaliyya*
ملک	دولة	*dawla*
مہاجر	مهاجر	*muhaajir*
میئر	عمدة	*umda*
نائب	وکيل	*wakiil*
نائب/جانشین	نائب	*naa'ib*

Urdu	Arabic	Transliteration
نتیجه	نتیجة	*natiija*
نصف / آدھا	نصف	*naSf*
نما کَندہ	تنفيذي	*tanfiidi*
وزارت خارجہ	وزارة الخارجية	*wizaarat al-Khaarijiyya*
وزارت دفاع	وزارة الدفاع	*wizaarat ad-difaa*
وزارت صحت	وزارة الصحة	*wizaarat aS-SiHHa*
وزیر	وزیر	*waziir*
وزیرِ اعظم	رئيس الوزراء	*ra'iis al-wuzaraa'*
وفاقی حکومت	حكومة إتحادية	*Hukuuma ittiHaadiyya*
وفد	وفد	*wafd*

ذرائع ابلاغ و فنون

ROMAN	العربية	اردو
jariida	جريدة	اخبار
taHriir	تحرير	ادارت
mumattil	ممثل	اداكار
aKhbaar Aajila	أخبار عاجلة	اہم خبریں
Soot	صوت	آواز
mumatti	ممتع	پر لطف
mulSaq	ملصق	پوسٹر
fiqra	فقرة	پیرا گراف
rassaam	رسام	پینٹر
najm	نجم	تارہ
taariikhi	تاريخي	تاریخی
tarwiij	ترويج	تروتج
Suura	صورة	تصویر
tadkira	تذكرة	ٹکیٹ
muraajaah	مراجعة	جائزہ/ نظرِ ثانی
jumla	جملة	جملہ

جنگ	حرب	*Harb*
چینل	قناة	*qanaah*
حیران کن	مذهل	*mudhil*
دہشتناک	رعب	*rub*
دل لگی	مسلٍ	*musallin*
ڈرامہ	دراما	*draama*
ڈرائنگ	رسم	*rasm*
رپورٹ	تقرير	*taqriir*
سطر	سطر	*saTr*
سکرین	شاشة	*šaaša*
سلسلہ	سلسلة	*silsila*
شاعری	شعر	*šir*
شاندار	رائع	*raa'i*
صحافت	صحافة	*SaHaafa*
صحافی	صحافي	*Sahafi*
صفحہ	صفحة	*SafHa*
عبارت	نص	*naSS*
عظیم	ممتاز	*mumtaaz*
فلم	فيلم	*film*

fann	فن	فن
fannaan	فنان	فنکار
muSawwir	مصور	فوٹوگرافر
taSwiir	تصویر	فوٹوگرافی
kartuun	كرتون	کارٹون
adaa'	أداء	کارکردگی
kitaab	كتاب	کتاب
baad qaliil	بعد قليل	کچھ وقفہ بعد
jaddaab	جذاب	کشش
kamira	كاميرا	کیمرہ
mubaašir	مباشر	لائیو
kalima	كلمة	لفظ
iijaabi	إيجابي	مثبت
timtaal	تمثال	مجسمہ
majalla	مجلة	مجلہ
ra'iis taHriir	رئيس تحرير	مدیر
maraH	مرح	مزاح
komedy	كوميدي	مزاحیہ
muDHik	مضحك	مزاحیہ

مشہور	مشہور	*mašhuur*
مصنف	مؤلف	*mu'allif*
مصنف/نامہ نگار	کاتب	*kaatib*
منفرد	فرید	*fariid*
منفی	سلبي	*salbi*
ناقد	ناقد	*naaqid*
نظم/قصیدہ	قصيدة	*qaSiida*
وقت کا ضیاع	خسارة الوقت	*Khasaarat ul-waqt*

جرم و سزا

ROMAN	العربية	اردو
iddia'	إدعاء	ادعا
muHaakama	محاكمة	آزمائش
tahriib	تهريب	اسمگلنگ
daliil	دليل	ثبوت
jariima	جريمة	جرم
ġaraama	غرامة	جرمانہ
difa	دفاع	دفاع
nahb	نهب	ڈکیتی
iqaab	عقاب	سزا
kafaala	كفالة	ضمانت
maHkama	محكمة	عدالت
iġtiSaab	إغتصاب	عصمت دری
šaahid Aiyaan	شاهد عيان	عینی شاہد
ġeir qaanuuni	غير قانوني	غیر قانونی
mudakkirat tawqiif	مذكرة توقيف	فرمان
saffaaH	سفاح	قاتل

قید خانہ	سجن	*sijn*
قیدی	أسير	*asiir*
کیس	قضية	*qaDiyya*
گواہ	شاهد	*šaahid*
لٹکانا	شنق	*šanq*
مجرم	مجرم	*mujrim*
مجرم	مذنب	*mudnib*
مظلوم	ضحية	*DaHiyya*
معصوم	برئ	*bari'*

جذبات و شخصیت

ROMAN	العربية	اردو
šaAr	شعر	احساس
Haziin	حزین	اداس
murtaaH	مرتاح	آرام دہ
Naadim	نادم	افسوس
Dam	دمع	آنسو
Masruur	مسرور	بہت خوش
Hamm	ھم	پریشانی / غم
Mutib	متعب	تھکا ہوا
AaTif	عاطف	جذبات
Shagaf	شغف	جذبہ
Haa'ir	حائر	الجھن
Hassaas	حساس	حساس
Ġayuur	غیور	حسد
farHaan	فرحان	خوش
Khaa'if	خائف	خوف زدہ
Miskiin	مسکین	دکھی / مسکین

raaDi	راضي	راضی
Hasuud	حسود	رشک/حاسد
šakhSiyya	شخصية	شخصیت
Šaqi	شقي	شرارتی
Khajuul	خجول	شرمیلا
ġaaDib	غاضب	غصے والا
fakhuur	فخور	فخر کرنے والا
mutawattir	متوتر	کشیده
Said	سعيد	مبارک
Hubb	حبّ	محبت
Mašġuul	مشغول	مصروف
karaahiyya	كراهية	نفرت

سمت

ROMAN	العربية	اردو
misaaHa	مساحة	احاطہ
bijaanib	بجانب	اگلا
daakhil	داخل	اندر
Irtifaa	إرتفاع	اونچائی
Kharij	خارج	باہر
yasaar	يسار	بائیں
muqaabil	مقابل	برعکس
waraa'	وراء	پیچھے
januub	جنوب	جنوب
AarD	عرض	چوڑائی
yamiin	يمين	دائیں
Fooqa	فوق	درجہ بالا
Beina	بين	درمیان
Baiid	بعيد	دور
that	تحت	ذیل
amaam	أمام	سامنے

ittijaah	إتجاة	سمت
šimaal	شمال	شمال
masaafa	مسافة	فاصلہ
qariib min	قريب	قریب
boSla	بوصلة	کمپاس
Tuul	طول	لمبائی
Šarq	شرق	مشرق
Ġarb	غرب	مغرب
hunaaka	هناك	وہاں
huna	هنا	یہاں

جنگ

ROMAN	العربية	اردو
DaabiT	ضابط	افسر
thawra	ثورة	انقلاب
al-baHariyya	البحرية	بحریہ
Aamiid	عميد	بریگیڈیئرجنرل
qunbula	قنبلة	بم
taqiil	ثقيل	بھاری
Aunf	عنف	تشدد
saife	سيف	تلوار
liwaa'	لواء	جنرل
maraka	معركة	جنگ
Harb	حرب	جنگ
qunbula durriyya	قنبلة ذرية	جوہری بم
asliHa nawawiyya	أسلحة نووية	جوہری ہتھیار
al-qaa'id al-ala	القائد الأعلى	چیف کمانڈر
Aduuww	عدو	دشمن
difaa	دفاع	دفاع

روشنی	خفيف	*Khafiif*
سپاہی	جندي	*jundi*
شکست	هزيمة	*haziima*
شہید	شهيد	*šahiid*
فتح	نجاح	*Najaah*
فضائیہ	قوات جوية	*quwwaat jawwiyya*
فورسز	قوات	*quwwaat*
قتل	قتيل	*qatiil*
قتل وغارت	سفك الدماء	*safk ad-dimaa'*
کرنل	عقيد	*Aaqiid*
کیمیائی ہتھیار	أسلحة كيماوية	*asliHa kiimaawiyya*
گولی	رصاصة	*raSaaSa*
معاہدہ	معاهدة	*muaahada*
معصوم	برئ	*bari'*
میجر	رائد	*raa'id*
نقصان	خسارة	*kasaara*

جانور

ROMAN	العربية	اردو
Aankabuut	عنكبوت	مکڑی
Aaqraba	عقربة	بچھو
Fiil	فيل	ہاتھی
Ġanam	غنم	بھیڑ
HiSaan	حصان	گھوڑا
jinaaH	جناح	پر
Arnab	أرنب	خرگوش
Samak	سمك	مچھلی
babĠaa'	ببغاء	طوطا
bauDah	بعوضة	مچھر
Baqara	بقرة	گائے
baTatah	بطة	بطخ
Barniiq	برنيق	درین گھوڑا
Difdia	ضفدع	مینڈک
dajaajah	دجاجة	مرغی
Duudh	دودة	کیڑا

Diik	ديك	مرغا
Deil	ذيل	دم
fa'r	فأر	چوہا
Faraaš	فراشة	تتلی
Ġuraab	غراب	کوا
Ġazaal	غزال	ہرن
Himaar	حمار	گدھا
Hamaamah	حمامة	کبوتر
Hašara	حشرة	کیڑا
Hayawaan	حيوان	جانور
Huut	حوت	وہیل
jaamuus	جاموس	بھینس
Jamal	جمل	اونٹ
Kalb	كلب	کتا
maaiz	ماعز	بکری
naHlh	نحلة	مکھی
Namlah	نملة	چیونٹی
Namir	نمر	شیر
Nasr	نسر	چیل

qiTTa	قطّة	بلی
Qird	قرد	بندر
Qirš	قرش	شارک
Riišah	ريشة	پنکھ
Taa'ir	طائر	پرندہ
timsaaH	تمساح	مگرمچھ
Taawuus	طاووس	مور
thubaan	ثعبان	سانپ
Thour	ثور	بیل
Asad	أسد	باگ
Khanziir	خنزير	خنزیر
Kharuuf	خروف	مینا
yamaamah	يمامة	فاختہ
dubaabah	ذبابة	مکھی
duKhas	دخس	ڈالفن
SurSuur	صرصور	جھنگر

عربی افعال

فعل ماضی : ایسا فعل جس میں کسی کام کا زمانہ ماضی میں کرنا یا ہونا معلوم ہو۔ اور اس میں تین حروف اصلی ہوں جیسے شَرِبَ اس نے پیا۔

فعل مضارع : ایسا فعل جس میں حال یا مستقبل کا معنی ہو اور اس کے شروع میں فعل مضارع کا کوئی سابقہ لگے۔ جیسے یَشرب وہ پیتا ہے یا پیے گا۔

1	2	3
فعل ماضی	فعل مضارع	مصدر
فَعَلَ	یَفعل	فعلاً
اس نے کیا	وہ کرتا ہے یا کرے گا	کام

افعال

ROMAN	العربية	اردو
Qaama	قام 1- فعل ماضی	اٹھنا
yaquumu	يقوم 2- فعل مضارع	
qiyaam	قيام 3- مصدر	
dafaa	دفع	ادا کرنا
yadfau	يدفع	
daf	دفع	
IstaKhdama	إستخدم	استعمال کرنا
yastakhdimu	يستخدم	
istikhdaam	استخدام	
istamala	إستعمل	استعمال کرنا
yastamilu	يستعمل	
istimaal	استعمال	
dafaa	دفع	آگے بڑھانا
yadfau	يدفع	
dafu	دفع	
jaa'a	جاء	آنا
yajii'u	يجئ	
jii'a	جيئة	

intaZara	إنتظر	انتظار کرنا
yantaZiru	ينتظر	
intiZaar	انتظار	
Talaa	طلع	اوپر جانا
yaTlau	يطلع	
Tulu	طلوع	
Takallama	تكلّم	بات کرنا
yatakallamu	يتكلّم	
kalaam	تكلّم	
Kharaja	خرج	باہر جانا
yaKhruju	يخرج	
Khuruuj	خروج	
Ġalaqa	غلق	بند کرنا
yaġliqu	يغلق	
ġalq	غلق	
aSbaHa	أصبح	بننا
yuSbiHu	يصبح	
iSbaaH	اصباح	
Jara	جرى	بھاگنا
yajri	يجري	
jary	جري	

		بھولنا
Nasiya	نسي	
yansaa	ينسى	
nasi	نسي	
Arsala	أرسل	بھیجنا
yursilu	يرسل	
irsaal	ارسال	
waSafa	وصف	بيان کرنا
yaSifu	يصف	
waSf	وصف	
Jalasa	جلس	بیٹھنا
yajlisu	يجلس	
juluus	جلوس	
istayqaZa	إستيقظ	بیدار ہونا
yastayqiZu	يستيقظ	
istiiqaaZ	استيقاظ	
waqaa	وقع	پڑنا
yaqau	يقع	
wuqu	وقوع	
qara'a	قرأ	پڑھنا
yaqra'	يقرأ	
qiraa'a	قراءة	

Tabakha	طبخ	پکانا
yaTbukhu	يطبخ	
Tabkh	طبخ	
waSala	وصل	پہنچنا
yaSilu	يصل	
wuSuul	وصول	
sa'ala	سأل	پوچھنا
yas'alu	يسأل	
su'aal	سؤال	
wulida	وُلد	پیدا ہونا
yuuladu	يُولد	
wilaada	ولادة	
Šariba	شرب	پینا
yašrabu	يشرب	
šurb	شرب	
ġayyara	غيّر	تبدیل کرنا
yuġayyiru	يغيّر	
taġyiir	تغيير	
Jarraba	جرّب	تجربہ کرنا
yujarribu	يجرّب	
tajriib	تجريب	

Tarjama	ترجم	ترجمہ کرنا
yutarjimu	يترجم	
tarjama	ترجمة	
Wajada	وجد	تلاش کرنا
yajidu	يجد	
wujuud	وجود	
baHata	بحث	تلاش کرنا
yabHatu	يبحث	
baHt	بحث	
SaHa	صحى	جاگنا
yaSHu	يصحو	
SaHw	صحو	
Dahaba	ذهب	جانا
yadhabu	يذهب	
dahaab	ذهاب	
arafa	عرف	جاننا
yarifu	يعرف	
marifa	معرفة	
Ajaaba	أجاب	جواب دینا
yujiibu	يجيب	
ijaabah	إجابة	

Araada	أراد	چاہنا
yuriidu	يريد	
iraadah	ارادة	
Maša	مشى	چلنا
yamši	يمشي	
mašy	مشي	
Ġaadara	غادر	چھوڑنا
yuġaadiru	يغادر	
muġaadara	مغادرة	
Intaha	إنتهى	ختم کرنا
yantahi	ينتهي	
intihaa'	إنتهاء	
KhallaSa	خلّص	ختم کرنا
yuKhalliSu	يخلّص	
taKhliiS	تخليص	
Ištara	اشترى	خریدنا
yaštari	يشتري	
širaa'	شراء	
Dakhala	دخل	داخل کرنا
yadkhulu	يدخل	
dukhul	دخول	

Talaba	طلب	درخواست
yaTlubu	يطلب	کرنا
Talab	طلب	
Ġasala	غسل	دھونا
yaġsilu	يغسل	
ġasl	غسل	
naZara	نظر	دیکھنا
yanZuru	ينظر	
naZar	نظر	
ra'a	رأى	دیکھنا
yara	يرى	
ru'ya	رؤية	
Šaahada	شاهد	دیکھنا
yušaahidu	يشاهد	
mušaahada	مشاهدة	
aaTa	أعطى	دینا
yuTi	يعطي	
iTaa'	اعطاء	
waDaa	وضع	ڈالنا
yaDau	يضع	
waDu	وضع	

Radda	ردّ	رد کرنا
yarudd	يردّ	
raddu	ردّ	
Aaša	عاش	رہنا
yaiišu	يعيش	
maiiša	معيشة	
Waqafa	وقف	روکنا
yaqifu	يقف	
wuquuf	وقوف	
Sakana	سكن	سکونت اختیار کرنا
yaskunu	يسكن	
sakan	سكن	
DaKhaana	دخّن	سگریٹ نوشی کرنا
yudaKhinu	يدخّن	
tadKhin	تدخين	
Fahima	فهم	سمجھنا
yafhamu	يفهم	
fahm	فهم	
Samia	سمع	سننا
yasmau	يسمع	
samaaa	سماع	

Rakiba	ركب	سواری کرنا
yarkabu	يركب	
rukuub	ركوب	
Fakkara	فكّر	سوچنا
yufakkiru	يفكّر	
tafkiir	تفكير	
Naama	نام	سونا
yanaamu	ينام	
nawm	نوم	
taallama	تعلّم	سیکھنا
yataallamu	يتعلّم	
taallum	تعلّم	
bada'a	بدأ	شروع کرنا
yabda'u	يبدأ	
bad'	بدء	
šaka	شكى	شکایت کرنا
yašku	يشكو	
šakwa	شكوى	
Šakara	شكر	شکریہ ادا کرنا
yaškuru	يشكر	
šukr	شكر	

adda	عدّ	شمار کرنا
yauddu	یعدّ	
add	عدّ	
naZZafa	نظّف	صاف کرنا
yunaZZifu	ینظّف	
tanZiif	تنظیف	
BA'aa	باع	فروخت کرنا
yabiu	یبیع	
biih	بیع	
Qadara	قدر	قابل ہونا ہونا
yaqdiru	قدر	
qudra	قدرة	
amala	عمل	کام کرنا
yamilu	یعمل	
amal	عمل	
najaHa	نجح	کامیاب ہونا
yanjaHu	ینجح	
najaaH	نجاح	
Fa'ala	فعل	کرنا
yafalu	یفعل	
fial	فعل	

istaTaa	إستطاع	کرنے کے قابل
yastaTii	يستطيع	ہونا،ہونا
istiTaah	استطاعة	
Akala	أكل	کھانا
yaa'kulu	يأكل	
akl	أكل	
Qaala	قال	کہنا
yaquulu	يقول	
qawl	قول	
fataHa	فتح	کھولنا
yaftaHu	يفتح	
fatH	فتح	
Dayyaa	ضيّع	کھونا
yuDayyiu	يضيّع	
taDyii	تضييع	
laiba	لعب	کھیلنا
yalabu	يلعب	
laab	لعب	
Haawala	حاول	کوشش کرنا
yuHaawilu	يحاول	
muHaawala	محاولة	

taHaddata	تحدّث	گفتگو کرنا
yataHaddatu	يتحدّث	
taHaddut	تحدّث	
Zanna	ظنّ	گمان کرنا
yaZunnu	يظنّ	
Zann anna	ظن أن	
aHDara	أحضر	لانا
yuHDiru	يحضر	
iHDaar	احضار	
Hamala	حمل	لانا
yaHmilu	يحمل	
Haml	حمل	
Kataba	كتب	لکھنا
yaktubu	يكتب	
kitaaba	كتابة	
AKhada	أخذ	لینا
ya'Khudu	يأخذ	
aKhad	أخذ	
Habba	حبّ	محبت کرنا
yuHibbu	يحبّ	
Hubb	حبّ	

		محتاج ہونا
iHtaaja	إحتاج	
yaHtaaju	يحتاج	
iHtiyaaj	احتياج	
Rattaba	رتّب	مرتب کرنا
yurattibu	يرتّب	
tartiib	ترتيب	
Maata	مات	مرنا
yamuutu	يموت	
maut	موت	
Nasaha	نصح	مشورہ دینا
yanshu	ينصح	
insah	إنصاح	
Darasa	درس	مطالعہ کرنا
yadrusu	يدرس	
diraasa	دراسة	
naZZama	نظّم	منظم کرنا
yunaZZimu	ينظّم	
tanZiim	تنظيم	
Fašila	فشل	ناکام ہونا
yafšalu	يفشل	
fašal	فشل	

Kariha	کرہ	نفرت کرنا
yakrahu	یکرہ	
karh	کرہ	
Nazala	نزل	نیچے جانا
yanzilu	ینزل	
nuzuul	نزول	
kaana	کان	ہونا
yakuunu	یکون	
kaun	کون	
Hadata	حدث	ہونا
yaHdutu	یحدث	
Huduut	حدوث	
rajaa	رجع	واپس کرنا
yarjau	یرجع	
ruju	رجوع	
Istalama	إستلم	وصول کرنا
yastalimu	یستلم	
istilaam	إستلام	
waada	وعد	وعدہ کرنا
yaidu	یعد	
waadu	وعد	

Tuwuffiya	توفّي	وفات پانا
yutawaffayu	يتوفي	
wafaah	وفاة	
Tadakkara	تذكر	یاد کرنا
yatadakkaru	يتذكر	
tadakkur	تذكر	
itaqada	إعتقد	یقین کرنا
yataqidu	يعتقد	
itiqaad	اعتقاد	

جملے

نیک خواہشات!

تمنیاتی الطیبة

tamaniyaati tayyibati

اللہ آپ پر رحم کرے (چھینکنے پر)

یرحمك اللہ

yarhamuka allah

پر سکون ہو جاؤ!

أهدأ من فضلك

ahada min fazlik

براہ کرم داخل ہوں

تفضل بالدخول

tafazal biddukul

میرے ساتھ چلو!

تفضل معی

tafazzal mai'ee

پریشان مت ہو

لا تقلق

laa taqlaq

الوداعی اظہار

تعابیر الوداع

ta'abier ul wadaai

مجھے یہ دے دو!

أعطنی هذا

aa'tini haza

سیدھا جائیں

امشی فی خط مستقیم

imshi fi khatti mustaqeem

جہنم میں جاؤ!

إذهب إلى الجحيم

izhab ilal jaheem

ٹھیک ہے

بخير

be khair

اچھا

جيد

jaiyyid

دوپہر کا سلام

نهارك الخير

nahaarukal khair

خدا حافظ !

إلى اللقاء

ilal liqaah

شام کا سلام

مساء الخير

masa -al-khair

خوش قسمت

حظ سعيد

hazzun saeed

صبح کا سلام

صباح الخير

sabaahal khair

شب بخیر

ليلة سعيدة

lailatun sa'eeda

آداب و تسلیمات

التحيات

aatahiyath

سالگرہ مبارک ہو !

عيد ميلاد سعيد

e'id milaad sa'eed

سفر مبارک ہو

رحلة سعيدة

rihlatan sa'eedatan

آج کا دن اچھا ہو

أتمنى لك نهارا سعيدا

ata manna laka nahaaran sa'eedan

ہیلو، میرے دوست!

أهلا يا صديقى

ahlan yaa sadeeqe

مدد

ساعدنی

saae'dni

خوش آمدید

أهلا

ahlan

گرم

حار

haar

آپ کیسے ہو؟

كيف حالك ؟

kaifa haalu ka?

آپ کی حالت کیسی ہے

کیف حالکم ؟

kaifa haal lu kum?

اس کی کیا قمیت ہے

کم ثمن هذا ؟

kam saman haza ?

آپ کی عمر کتنی ہے ؟

کم عمرك ؟

kam u'murka ?

جلدی کرو

أسرع

asra'

میں آپ سے اتفاق کرتا ہوں

انا متفق معك

ana muttafiq ma'k

میں آپ کو راستہ بتا سکتا ہوں

أستطيع ان أريك الطريق

astatee' an ariika attareeq

میرے پاس چلر نہیں ہے

ليس لدى فكة

laisa ladaiyya fakkah

میں نہیں جانتا

لا اعرف

laa a'rifu

میں نہیں سمجھا

لا أفهم

laa afhamu

میں آپ کے ساتھ اچھا وقت گزارا

لقد استمتعت بالوقت معك جدا

laqad istamta'tu bilwqti ma'ka jiddan

مجھے لازماً جانا چاہیے

لابد أن أرحل

labudda an arhala

مجھے صرف مشق کرنے کی ضرورت

أنا فقط أحتاج لبعض التمرين

ana faqat ahtaju liba'zi attamreen

میں عربی زبان کو چاہتا ہوں

أحب اللغة العربية

uhibbu al lugata al a'rabiyata

میں آپ کو چاہتا ہوں

أنا أحبك

ana uhibbuka

میں نے آپ کو بہت یاد کیا

لقد افتقدتك

laqad iftaqadtuka

میں یقیناً اس کو چاہتا ہوں

إنه يعجبني فعلا

innahu yu'jibuni fa'lan

میں ابھی واپس ہوں گا

سوف أعود حالا

saoofa aaodu haalan

میں سیکھنے کے لیے حتی المقدور کوشش کروں گا۔

سوف أبذل قصاری جهدی للتعلم

saufa abzulu qusaara juhudi litta'llum

میں آپ کو عشائیہ پر مدعو کرنا چاہتا ہوں

أود ان ادعوك إلى العشاء

awaddu an aduaka ila- al a'shaai

میں دوبارہ آپ کے ملک آنا چاہوں گا

أحب أن أزور بلادكم ثانية

uhibbu an azooru bilaadikum saaniya

میں (بیس) سال کا ہوں

أبلغ من العمر (عشرون عاما)

ablugu min al u'mri(e'shroona a'aman)

میں ٹھیک ہوں

أنا بخير

ana bi khair

میں (مصر) کا ہوں

أنا من (مصر)

anaa min (misar)

میں کاروباری دورے پر ہوں

أنا هنا للعمل

ana hina lila'mal

میں بھوکا ہوں

أنا جائع

ana jaaiu'n

میں صرف مزاق کر رہا ہوں

أنا أمزح فقط

ana amzahu faqat

میں بس دیکھ رہا ہوں

أنا ألقى نظرة فقط

ana alqi nazratan faqat

میں کھو دیا

أنا تائه

ana taa ih

میں شادی شدہ ہوں

انا متزوج

ana mutazawwijun

میں یہاں کا نہیں ہوں

أنا لست من هنا

ana lastu min huna

میں سنجیدہ ہوں

أنا جاد

ana jaad

میں غیر شادی شدہ ہوں

أنا أعزب

ana aa'zib

مجھے پیاس محسوس ہو رہی ہے

أشعر بالظمأ

ashu'ru bizzama

میں عربی سیکھنے کی کوشش کر رہا ہوں۔

أحاول تعلم اللغة العربية

uhaawilu ta'llum allugati ala'rabiyati

میں بہت خوش ہوں

أنا سعيد جدا

ana sa'eedun jiddan

کیا یہ درست ہے؟

هل هذا صحيح ؟

hal haza sahiih ?

کیا یہ غلط ہے؟

هل هذا خطأ ؟

hal haza khata ?

یہاں تکلیف ہے

هنا يؤلمني

hina yuallimuni

ابھی تین بج رہے ہیں

إنها الثالثة

innha assalisah

یہ مشکل زبان ہے

إنها لغة صعبة

innaha lugatun sa'batun

یہ آسان زبان ہے

إنها لغة سهلة

innaha lugatun sahlatun

یہ یہاں سے دور ہے

إنها بعيدة عن هنا.

innaha baee'datun a'n huna

موسم بہت ہی زیادہ سرد ہے

إن الجو بارد جدا

innal jaw baarid jiddan

موسم بہت ہی زیادہ گرم ہے

إن الجو حار جدا

innal jaw haar jidda

یہ یہاں سے قریب ہے

إنھا قريبة من ھنا.

innaha qariba min hina

یہ ضروری ہے!

إنه امر ھام

innahu amrun haamun

كم

قليلا

Qaleel

مجھے تنہا چھوڑ دو!

أتركني وحدي

utrukni wahdi

زمانے سے ملاقات نہیں ہوئی

لم نرك منذ وقت طويل

lam naraaka munzu waqtin taweel

دیکھئے

أنظر

unzur

یہ گویا آپ ہی کا گھر ہے

تصرف و کأنك فی بیتك

tasrraf wa ka annaka fi baitik

میرا نام

اسمی ...

Ismee

یہ میری دلی خوشی ہے

هذا من دواعی سروری

haza min dawae sururi

میرا سفر بہت اچھا تھا

کانت رحلتی جیدۃ.

kaanat rehlatii jaiyyidah

آپ سے ملاقات کرکے خوشی ہوئی

سعید بمقابلتك

sa'eed bi muqaabaltik

یہ بہت بڑا کام ہے

فعلا ! عظیم

fa'lan azeem

ایک لمحے کے لئے براہ مہربانی!

لحظة وحدة من فضلك

lahza wahda min fazlik

يقيناً

حقا ؟

Haqqan ?

رومانس

رومانسية

Romansiyatun

میں اپنی نیک خواہشات بھیجوں گا

أرسل تحياتى

arsil tahiyaatee

بعد میں ملیں گے!

أراك فيما بعد

araaka fi ma ba'd

جلد ہی ملیں گے!

أراك قريبا

araaka qareeban

کل ملیں گے

أراك غدا

araaka gadan

ست

بطئ

batii

چھوٹا

صغیر

sageer

افسوس

آسف

Aasif

معذرت خواہ ہوں میں آپ کو نہیں سن پا رہا ہوں

عذرا لم أسمعك جیدا

u'zran lam asma'ka jaiyyidan

شیریں خواب

أحلام أسعد

ahlaamun asad

بین بین

بین بین

bain bain

رکیں

توقف

Touqaf

یہ لیجیے

تفضل ھذا

tafazzal haza

ٹیکسی

تاکسی

taxsi

شکریہ

شکرا (جزیلا)

shukran (jazeelan)

اس کے بعد

بعد ذلك

ba'da zalik

چور!

لص!

Lassun!

آج

الیوم

al yaom

کل

غدا

gadan

ریلوے اسٹیشن

محطة القطار

mahattat ul qitaar

بائیں جانب مڑیں

استدر شمالا

astadir shimaalan

دائیں جانب مڑیں

استدر یمین

astadir yameen

بیرا

نادل

naadil

خوش آمدید

مرحبا

marhaba

آپ کیا کرتے ہو؟

ماذا تعمل ؟

maza ta'mal ?

مجھے کیا کرنا چاہیے

ما ذا یجب أن أقول ؟

maaza yajibu an aqoola ?

کیا وقت ہوا ہے ؟

كم الساعة الآن ؟

kam issaa' alaan ?

تمہیں کیا ہوا ہے ؟

ما بالك ؟

maa baaluka ?

تمہارا نام کیا ہے ؟

ما اسمك ؟

maa ismak?

آپ کہاں سے ہیں ؟

من أى بلد أنت ؟

min aaie balad aanta ?

آپ کہاں رہتے ہو ؟

أين تسكن ؟

aina taskunu ?

نیک تمنائیں

الأمنيات

al amaniyath

جی ہاں

نعم

na'm

گزشتہ کل

أمس

amsi

آپ خوبصورت لگ رہی ہیں

تبدی جمیلة!

tabdi jameelatan

تم ٹھیک ہو جاو گے!

سوف تکون بخیر

saofa takunu bikhair

آپ کی عربی اچھی ہے

لغتك العربية جيدة

lugatuka alarabiya jaiyyidatun

کوئی بات نہیں

عفوا

a'fuwan

:: ختم شدہ ::